ISBN 3-8212-2271-9
Copyright © 2000 by XENOS Verlagsgesellschaft mbH
Am Hehsel 40, 22339 Hamburg
Konzept und Text: Michael Holtmann
Illustrationen: Albert Kokai
Satzarbeiten: Verlagsbüro Michael Holtmann, Bayreuth
All Rights Reserved
Printed in Slovakia

Mein buntes Vorschullexikon von A bis Z

Michael Holtmann • Albert Kokai

A B C D E F G H I J K L M N O P Q R S T U V W X Y Z
a b c d e f g h i j k l m n o p q r s t u v w x y z

Aa

acht

Hans kann schon bis **acht** zählen.

der Akrobat

Bernd fliegt wie ein **Akrobat**.

das Alphabet

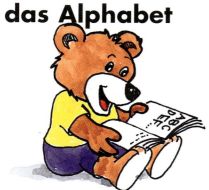

Bernd lernt das **Alphabet**.

am

Hans liegt **am** Ufer.

die Ananas

Ingo schmeckt die **Ananas**.

der Apfel

Klaus isst einen **Apfel**.

der Arm

Klaus hat einen starken **Arm**.

der Ast

Rudi klettert. Da bricht der **Ast**!

der Astronaut

Hans ist **Astronaut**.

auf

Ingo sitzt **auf** dem Baum.

das Auge

Das **Auge** schaut durchs Loch.

A B C D E F G H I J K L M N O P Q R S T U V W X Y Z
a b c d e f g h i j k l m n o p q r s t u v w x y z

aus

Hans macht Schiffe **aus** Papier.

das Auto

Ingo fährt mit dem **Auto**.

die Axt

Ingo hackt Holz mit der **Axt**.

Bb

der Bach

Klaus spielt am **Bach**.

die Badewanne

Nadja sitzt in der **Badewanne**.

der Ball

Hans wirft den **Ball**.

die Banane

Bernd isst eine leckere **Banane**.

die Band

Am Radio spielt eine **Band**.

die Bank

Klaus und Nadja sitzen auf der **Bank**.

der Bauklotz

Ingo hat einen **Bauklotz** in der Hand.

der Baum

Rudi sitzt unter dem **Baum**.

B b

das Bein

Man sieht nur die **Beine**.

der Berg

Klaus klettert auf den **Berg**.

der Besen

Nadja schwingt den **Besen**.

das Bett

Bernd liegt noch im **Bett**.

die Bettdecke

Ingo hat eine **Bettdecke**.

die Biene

Vorsicht! Die **Biene** sticht!

das Bild

Ingo schaut sich das **Bild** an.

die Birne

Rudi schmeckt die **Birne**.

die Blase

Hans hat am Finger eine **Blase**.

blasen

Bernd muss kräftig **blasen**.

das Blatt

Das **Blatt** ist bunt bemalt.

A **B** C D E F G H I J K L M N O P Q R S T U V W X Y Z
a **b** c d e f g h i j k l m n o p q r s t u v w x y z

blau

Bernds Hemd ist **blau**.

der Bleistift

Der **Bleistift** ist spitz.

der Blitz

Der **Blitz** zuckt beim Gewitter.

die Blume

Klaus gibt Nadja eine **Blume**.

das Boot

Rudi sieht ein **Boot**.

böse

Hans ist ganz **böse**.

braun

Rudi wird richtig **braun**.

die Brille

Bernd trägt eine **Brille**.

das Brot

Bernd schmiert sich ein leckeres **Brot**.

die Brücke

Hans angelt von der **Brücke**.

das Buch

Ingo liest im **Buch**.

das Bügeleisen
Nadja bügelt mit dem **Bügeleisen**.

die Burg

Ingo steht auf der **Burg**.

die Bürste

Nadja säubert die Bluse mit der **Bürste**.

der Busch

Hans schaut aus dem **Busch**.

die Butter

Hans mag besonders **Butter**.

Cc

das Camping

Hans macht **Camping**.

der Chinese

Der **Chinese** ist fröhlich und lacht.

der Clown

Hans ist als **Clown** verkleidet.

der Computer

Bernd sitzt am **Computer**.

der Cowboy

Ingo spielt **Cowboy**.

Dd

da

Da sieht Bernd eine schöne Blume.

das Dach

Es regnet auf das **Dach**.

der Dackel

Nadja hat einen **Dackel**.

der Dampf

Aus dem Topf strömt **Dampf**.

der Daumen

Bernd zeigt seinen **Daumen**.

der Delfin

Der **Delfin** springt hoch.

dick

Wer viel isst, wird ganz **dick**.

der Dinosaurier

Hans spielt mit dem **Dinosaurier**.

die Diskette

Bernd nimmt eine **Diskette**.

der Doktor

Hans wird vom **Doktor** untersucht.

das Dorf

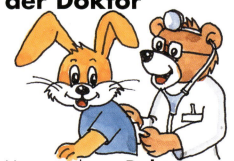

Bernd lebt in einem kleinen **Dorf**.

| A B C | **D** | **E** | F G H I J K L M N O P Q R S T U V W X Y Z |
| a b c | **d** | **e** | f g h i j k l m n o p q r s t u v w x y z |

die Dose

Hans angelt eine **Dose**.

der Drache

Der **Drache** spuckt Feuer.

der Drachen

Bernd lässt einen **Drachen** steigen.

drei

Hans zeigt **drei** Finger.

der Dschungel

Hans lebt im **Dschungel**.

die Düne

Rudi schwitzt auf der **Düne**.

der Durst

Rudi löscht den **Durst**.

Ee

das Ei

Aus dem **Ei** schlüpft ein kleines Küken.

der Eimer

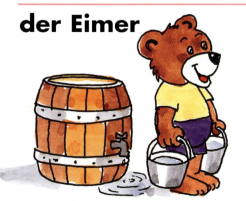

Ein Loch ist im **Eimer**!

ein

Das ist **ein** Apfel.

das Einhorn

Bernd reitet auf dem **Einhorn**.

12

A B C D **E F** G H I J K L M N O P Q R S T U V W X Y Z
a b c d **e f** g h i j k l m n o p q r s t u v w x y z

eins

Bernd zählt bis **eins**.

der Eisbär

Ein großer **Eisbär** kommt auf Ingo zu.

die Eiscreme

Bernd schleckt **Eiscreme**.

die Eisenbahn

Die **Eisenbahn** fährt vorbei.

der Eiszapfen

Bernd sieht einen **Eiszapfen**.

der Elefant

Ingo und der **Elefant** spielen.

der Ellbogen

Hans zeigt seinen **Ellbogen**.

der Esel

Bernd reitet auf einem **Esel**.

essen

Klaus und Nadja **essen**.

der Essig

Nadja gibt **Essig** an das Mittagessen.

Ff

die Fahne

Nadja winkt mit der Fahne.

A B C D E **F** G H I J K L M N O P Q R S T U V W X Y Z
a b c d e **f** g h i j k l m n o p q r s t u v w x y z

fahren

Die beiden **fahren** Auto.

das Fahrrad

Mit dem **Fahrrad** ist Hans ganz schnell unterwegs.

der Fallschirm

Hans segelt mit dem **Fallschirm** nach unten.

die Feder

Bernd zupft sich eine **Feder**.

fein

Der Sand ist ganz **fein**.

das Fenster

Hans schaut aus dem **Fenster**.

der Fernseher

Bernd hat einen **Fernseher**.

das Feuer

Mit einem Streichholz entzündet Nadja das **Feuer**.

die Figur

Hans zeigt auf die **Figur**.

finden

Ingo und Klaus **finden** einen Schatz.

der Fisch

An der Angel hängt ein **Fisch**.

die Flasche

Ingo findet am Strand eine **Flasche**.

die Flöte

Nadja spielt auf der **Flöte**.

das Flugzeug

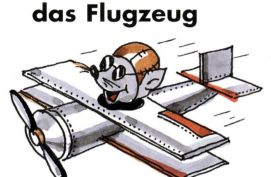

Rudi fliegt im **Flugzeug**.

der Fluss

Bernd fährt über den **Fluss**.

der Frosch

Klaus untersucht den **Frosch**.

das Frühstück

Nadja und Klaus schmeckt das **Frühstück**.

der Fuchs

Hans ist der Freund vom **Fuchs**.

der Füller

Bernd kleckst mit dem **Füller**.

fünf

Hans spielt mit **fünf** Bällen.

für

Klaus hat ein großes Geschenk **für** Nadja.

der Fuß

Hans hebt den **Fuß**.

A B C D E F **G** H I J K L M N O P Q R S T U V W X Y Z
a b c d e f **g** h i j k l m n o p q r s t u v w x y z

Gg

die Gabel

Bernd wendet das Heu mit der **Gabel**.

die Gans

Klaus und Nadja haben sich eine **Gans** gekauft.

die Garage

Ingo kommt aus der **Garage**.

der Garten

Nadja arbeitet im **Garten**.

der Geburtstag

Ingo feiert **Geburtstag**.

die Geige

Nadja spielt auf der **Geige**.

der Geist

Rudi erscheint ein **Geist**.

gelb

Die Wiese ist ganz **gelb**.

das Geld

Ingo holt **Geld** von der Bank.

die Geldbörse

Nadja hat eine **Geldbörse**.

das Geschenk

Nadja bekommt ein **Geschenk**.

G g

das Geschirr

Nadja putzt das **Geschirr**.

das Getränk

Es ist sehr heiß. Da kommt das **Getränk** gerade recht.

die Giraffe

Die **Giraffe** ist sehr lang.

die Gitarre

Bernd spielt **Gitarre**.

das Glas

Sie heben das **Glas**.

die Glocke

Bernd läutet die **Glocke**.

graben

Bernd und Hans **graben** nach einem Schatz.

das Gras

Rudi sitzt im **Gras** und schaut nach den Vögeln.

groß

Der Hut von Klaus ist sehr **groß**.

grün

Hans sitzt im **grünen** Gras.

die Gurke

Nadja isst eine **Gurke**.

Hh

haben

Klaus und Nadja **haben** zwei Geschenke gekauft.

der Haken

Hans hängt am **Haken**.

die Halskette

Sie bekommt eine **Halskette**.

halten

Sie **halten** Ausschau.

der Hammer

Er schlägt mit dem **Hammer**.

die Hand

Bernd steht auf der **Hand**.

der Handschuh

Er zieht den **Handschuh** an.

hart

Das Bett von Bernd ist ziemlich **hart**.

der Hase

Bernd füttert den **Hasen**.

hat

Klaus **hat** ein Geschenk.

das Haus

Das **Haus** ist aus Holz.

A B C D E F G **H** I J K L M N O P Q R S T U V W X Y Z
a b c d e f g **h** i j k l m n o p q r s t u v w x y z

heiß

Jetzt ist die Suppe **heiß**.

die Hexe

Hexe Nadja reitet auf dem Besen.

der Hocker

Ingo sitzt auf dem **Hocker**.

die Höhle

In der **Höhle** ist es feucht.

hören

Hans und Bernd hören **Radio**.

die Hose

Klaus hat eine **blaue** Hose.

der Hubschrauber

Bernd fliegt **Hubschrauber**.

der Hügel

Ingo schaut vom **Hügel** in die Ferne.

das Huhn

Klaus füttert das **Huhn**.

der Hund

Der **Hund** bekommt seinen Knochen.

hüpfen

Bernd und Hans **hüpfen** um die Wette.

der Hut

Bernd hat einen schicken **Hut**.

A B C D E F G H I J K L M N O P Q R S T U V W X Y Z
a b c d e f g h i j k l m n o p q r s t u v w x y z

Ii

der Igel

Hans spielt mit einem kleinen **Igel**.

der Iglu

Hans wohnt in einem **Iglu**.

im

Ingo steht **im** Garten.

in

Die Gans sitzt **in** der Tasche.

Die Insel

Rudi lebt auf einer **Insel**.

ist

Bernd **ist** stolz auf seine Brille.

Jj

die Jacke

Klaus hat eine schicke rote **Jacke**.

die Jeans

Klaus trocknet die **Jeans**.

der Jogurt

Bernd mag **Jogurt**.

das Jojo

Ingo spielt **Jojo**.

A B C D E F G H I J **K** L M N O P Q R S T U V W X Y Z
a b c d e f g h i j **k** l m n o p q r s t u v w x y z

K k

das Kamel

Rudi passt gut auf, denn das **Kamel** schwankt sehr.

die Kamera

Der Vogel schaut in die **Kamera**.

der Kamm

Nadja hat einen **Kamm**.

das Känguru

Das **Känguru** hat Junge.

das Kaninchen

Nadja füttert das **Kaninchen**.

die Kapuze

Rudi trägt eine rote **Kapuze**.

die Kartoffel

Klaus trägt einen Korb mit **Kartoffeln**.

das Karussell

Die Kinder fahren **Karussell**.

der Käse

Rudi hat sich fast durch den ganzen **Käse** gefressen.

die Katze

Ingo spricht mit seinen beiden **Katzen**.

das Kegeln

Ingos Lieblingssport ist **Kegeln**.

21

A B C D E F G H I J **K** L M N O P Q R S T U V W X Y Z
a b c d e f g h i j **k** l m n o p q r s t u v w x y z

die Kerze

Die **Kerze** leuchtet hell.

das Kind

Das **Kind** Klaus ist klein.

die Kirsche

Bernd pflückt eine **Kirsche**.

das Kleid

Nadjas **Kleid** hat Rüschen.

klein

Der Käfer ist ganz **klein**.

klettern

Hans und Bernd **klettern**.

das Knie

Bernd zeigt sein **Knie**.

der Knochen

Rudi knabbert am **Knochen**.

der Knopf
Bernd hat einen **Knopf** verloren.

der Knoten

Im Garn ist ein **Knoten**.

der Koch

Der **Koch** hebt den Löffel.

kochen

Nadja und Klaus **kochen**.

der Koffer

Rudis **Koffer** ist blau.

die Königin

Königin Nadja lädt ein.

der Kopf

Bernd ist ein kluger **Kopf**.

das Kopfkissen

Bernd hat ein **Kopfkissen**.

der Kran

Bernd sitzt im **Kran**.

die Kranken-schwester

Die **Krankenschwester** kommt mit der Spritze.

die Krawatte

Bernd bindet die **Krawatte**.

die Kreide

Bernd schreibt mit **Kreide** auf die Tafel.

die Krone

Königin Nadja hat eine **Krone**.

der Krug

Bernd geht mit dem **Krug** zum Wasserholen.

die Küche

Nadja steht in der **Küche** und kocht das Essen.

der Kuchen

Hans schmeckt der **Kuchen** besonders gut.

A B C D E F G H I J **K L** M N O P Q R S T U V W X Y Z
a b c d e f g h i j **k l** m n o p q r s t u v w x y z

die Kugel

Bernd schaut in die **Kugel**.

die Kuh

Ingo hat an der Wand ein Bild von seiner **Kuh**.

der Kühlschrank

Ingos **Kühlschrank** ist bis oben voll.

kurz

Bernd ist einfach zu **kurz**.

Ll

lachen

Sie **lachen** ganz laut.

die Lampe

Bernd knipst die **Lampe** an.

lang

Die Brücke ist sehr **lang**.

langsam

Schieben hilft nicht.
Die Schnecke ist **langsam**.

der Lastwagen

Sie fahren **Lastwagen**.

laufen

Hans und Bernd **laufen**.

die Laus

Da krabbelt eine **Laus**!

lecken

Bernd und Ingo **lecken** am Eis.

leer

Bernds Glas ist **leer**.

der Lehrer

Der **Lehrer** steht an der Tafel.

leicht

Hans ist **leicht** wie ein Vogel.

die Leiter

Bernd steigt auf die **Leiter**.

lesen

Ingo und Bernd **lesen**.

der Leuchtturm

Ingo sieht in der Ferne den **Leuchtturm** blinken.

die Limonade
Bernd trinkt **Limonade**.

das Lineal

Bernd hat ein neues **Lineal**.

das Loch

Klaus ist sauer, denn im Eimer ist ein **Loch**.

der Löffel

Nadja isst die Suppe mit einem großen **Löffel**.

Mm

der Löwe

Der **Löwe** ist Rudis Freund.

machen

Ingo und Bernd **machen** das Dach dicht.

malen

Klaus kann sehr gut **malen**.

der Mantel

Nadjas **Mantel** ist blau.

die Maske

Wer steckt hinter der **Maske**?

die Mauer

Bernd klettert auf die **Mauer**.

die Maus

Bernd fängt eine **Maus**.

das Meer

Rudi paddelt in seinem Boot über das **Meer**.

mein

Das ist **mein** Geschenk!

das Messer

Ingo hat ein scharfes **Messer**.

die Mikrowelle

Bernd hat eine **Mikrowelle**.

A B C D E F G H I J K L **M N** O P Q R S T U V W X Y Z
a b c d e f g h i j k l **m n** o p q r s t u v w x y z

die Milch

Bernd trinkt **Milch**.

mit

Ingo spielt **mit** Würfeln.

die Möhre

Hans knabbert eine **Möhre**.

der Mond

Ingo schaut in den **Mond**.

murmeln

Sie **murmeln** miteinander.

die Muschel

Wo kommt die **Muschel** her?

die Mutter

Die **Mutter** fährt das Kind.

Nn

der Nacken

Er hat einen dicken **Nacken**!

die Nadel

Nadja stopft mit der **Nadel**.

der Nagel

Bernd hat einen **Nagel**.

die Nase

Ingo rümpft die **Nase**.

27

das Nashorn

Rudi reitet auf dem **Nashorn**.

nass

Klaus steht im Regen und wird **nass**.

das Nest

Hans klettert zum **Nest** des Vogels.

das Netz

Bernds **Netz** ist voll.

neu

Das Auto von Hans ist ganz **neu**.

die Neun

Auf Rudis Hemd steht eine **Neun**.

die Nuss

Hans knackt die **Nuss**.

Oo

der Ofen

Nadja stellt das Blech in den **Ofen**.

das Ohr

Hans wackelt mit dem **Ohr**.

das Orchester

Es spielt das **Orchester**.

der Orden

Klaus trägt einen **Orden**.

die Orgel

Bernd spielt **Orgel**.

der Pantoffel

Rudi trägt **Pantoffeln**.

der Papagei

Der **Papagei** kann sprechen.

der Park

Im **Park** steht eine Bank.

der Pfad

Da geht der **Pfad** lang.

die Pfeife

Klaus schmeckt die **Pfeife**.

der Pfeil

Der **Pfeil** zeigt geradeaus.

das Pferd

Das **Pferd** muss mal trinken.

die Pfütze

Hans springt in die **Pfütze**.

der Pilz

Ob der **Pilz** giftig ist?

A B C D E F G H I J K L M N O **P Q R** S T U V W X Y Z
a b c d e f g h i j k l m n o **p q r** s t u v w x y z

der Pinguin

Nadja besucht den **Pinguin**.

plantschen

Ingo und Bernd **plantschen** im Schwimmbecken.

das Pony
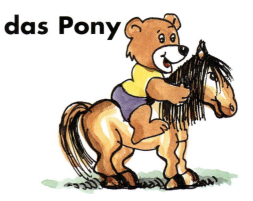
Bernd reitet auf dem **Pony**.

Qq

das Quadrat

Hans zeigt das **Quadrat**.

quaken

Die Frösche **quaken** im Teich.

die Qualle

Die **Qualle** sitzt im Meer.

der Quark

Klaus liebt **Quark**.

Rr

das Rad

Hans zieht das **Rad**.

die Rakete

Hans schaut aus der **Rakete**.

A B C D E F G H I J K L M N O P Q **R** S T U V W X Y Z
a b c d e f g h i j k l m n o p q **r** s t u v w x y z

die Raupe

Die **Raupe** klettert auf den Ast.

reden

Bernd kann ohne Pause **reden**.

das Regal

Ingo greift ins **Regal**.

der Regen

Rudi steht im **Regen**.

der Regenbogen

Ingo sieht den **Regenbogen**.

der Regenschirm

Der Wind bläst in den **Regenschirm**.

der Reifen

rennen

Hans und Bernd **rennen** um die Wette.

Ingo wechselt einen **Reifen**.

der Riese

Ingo trifft Klaus, den **Riesen**.

der Ring

Bernd und Ingo stehen im **Ring**.

der Roboter

Hans spielt mit dem **Roboter**.

31

A B C D E F G H I J K L M N O P Q **R** S T U V W X Y Z
a b c d e f g h i j k l m n o p q **r** s t u v w x y z

der Rock

Nadjas **Rock** hat Streifen.

rollen

Hans und Ingo **rollen** ganz schnell auf ihren Skateboards.

die Rollschuhe

Mit seinen **Rollschuhen** fährt Ingo durch die Gegend.

der Rollstuhl

Heute sitzt Rudi im **Rollstuhl**.

rosa

Nadja hat eine **rosa** Bluse.

die Rose

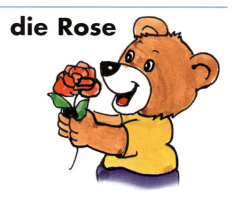

Bernd riecht an der **Rose**.

rot

Ingo trägt ein **rotes** Hemd.

der Rucksack

Der **Rucksack** ist schwer.

das Ruder

Hans greift das **Ruder**.

rühren

Nadja und Klaus **rühren** die Nachspeise an.

die Rutsche

Ingo steht auf der **Rutsche**.

Ss

die Säge

Bernd sägt mit der **Säge** einen Ast.

sagen

Sie **sagen** sich die Meinung.

der Salat

Nadja wäscht den **Salat**.

der Sand

Ingo schaufelt **Sand**.

die Schachtel

Klaus zeigt die **Schachtel**.

der Schal

Klaus trägt einen **Schal**.

die Schaufel

Mit der **Schaufel** gräbt Bernd ein Loch.

die Schaukel

Rudi sitzt auf der **Schaukel**.

das Schaukelpferd

Bernd reitet auf dem **Schaukelpferd**.

die Schere

Bernd hat eine scharfe **Schere**.

schieben

Bernd und Ingo müssen das Auto **schieben**.

A B C D E F G H I J K L M N O P Q R **S** T U V W X Y Z
a b c d e f g h i j k l m n o p q r **s** t u v w x y z

das Schiff

Bernd sieht das **Schiff**.

schlafen
Ob sie schon **schlafen**?

der Schlauch

Ingo spritzt mit dem **Schlauch**.

der Schlitten

Hans zieht den **Schlitten**.

die Schlittschuhe

Die **Schlittschuhe** laufen gut.

der Schlüssel

Passt der **Schlüssel**?

der Schneemann

Der **Schneemann** schmilzt.

schnell

Hans läuft ganz **schnell**.

die Schokolade

Die **Schokolade** schmeckt!

schreiben

Wem **schreiben** sie?

A B C D E F G H I J K L M N O P Q R **S** T U V W X Y Z
a b c d e f g h i j k l m n o p q r **s** t u v w x y z

die Schubkarre

Er schiebt die **Schubkarre**.

der Schuh

Nadja gefallen ihre **Schuhe**.

die Schule

Sie gehen zur **Schule**.

die Schürze

Nadja bindet die **Schürze**.

der Schwanz

Ratte Rudi hat einen langen **Schwanz**.

schwarz

Die kleine Ratte ist **schwarz**.

das Schwein

Das **Schwein** gibt die Pfote.

schwer

Die Last ist aber **schwer**!

schwimmen

Sie **schwimmen** im Meer.

sechs

Rudi zählt **sechs** Enten.

der Seelöwe

Rudi lehnt am **Seelöwen**.

die Seife

Die **Seife** ist glitschig.

A B C D E F G H I J K L M N O P Q R **S** T U V W X Y Z
a b c d e f g h i j k l m n o p q r **s** t u v w x y z

das Seil

Hans hängt am **Seil**.

der Sessel

Rudi macht es sich im **Sessel** bequem.

die Sieben

Auf dem T-Shirt von Klaus steht die **Sieben**.

sind

Ingo und Bernd **sind** mit dem Schiff unterwegs.

sitzen

Rudi und Bernd **sitzen** auf dem Boden.

das Skateboard

Ingo fährt **Skateboard**.

so

So ist es richtig!

die Socke

Rudi zieht die **Socke** an.

die Sonne

Rudi sitzt in der **Sonne**.

der Spiegel

Nadja schaut in den **Spiegel**.

das Spielzeug

Ingo hat neues **Spielzeug**.

A B C D E F G H I J K L M N O P Q R **S T** U V W X Y Z
a b c d e f g h i j k l m n o p q r **s t** u v w x y z

die Spinne

Bernd entdeckt eine **Spinne**.

der Springbrunnen

Rudi plantscht im **Springbrunnen**.

springen

Hans **springt** am Fallschirm.

der Staubsauger

Nadja putzt mit dem **Staubsauger**.

stehen

Sie **stehen** auf dem Tisch.

der Stern

Rudi schaut in der Nacht nach den **Sternen**.

der Stiefel

Ingo hat braune **Stiefel**.

der Stift

Klaus malt mit dem **Stift**.

der Stuhl

Rudi sitzt auf dem **Stuhl**.

T t

tanzen

Nadja und Klaus **tanzen**.

das Taschentuch

Bernd putzt sich mit dem **Taschentuch** die Nase.

A B C D E F G H I J K L M N O P Q R S **T** U V W X Y Z
a b c d e f g h i j k l m n o p q r s **t** u v w x y z

der Teddy

Nadja streichelt ihren kleinen **Teddy**.

das Telefon

Hans spricht ins **Telefon**.

der Teller

Der **Teller** ist schon leer!

der Teppich

Der **Teppich** gefällt ihnen!

der Tiger

Hans reitet auf dem **Tiger**.

der Tisch

Rudi sitzt am **Tisch**.

die Tomate

Die **Tomate** ist schön rot.

das Tor

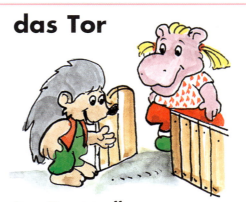

Das **Tor** ist offen.

der Traktor

Der **Traktor** tuckert laut.

treten

Wird er auf sie **treten**?

der Tretroller

Bernd fährt **Tretroller**.

trocken

Bald sind die Haare **trocken**!

38

A B C D E F G H I J K L M N O P Q R S **T U** V W X Y Z
a b c d e f g h i j k l m n o p q r s **t u** v w x y z

die Trommel

Klaus schlägt die **Trommel**.

die Trompete

Bernd bläst die **Trompete**.

der Tunnel
Ingo steht am **Tunnel**.

die Tür

Ingo klopft an die **Tür**.

der Turm

Ingo steht auf dem **Turm**.

über

Bernd will **über** die Brücke gehen.

die Uhr

Klaus schaut auf die **Uhr**.

und

Ingo kauft Äpfel **und** Birnen.

die Uniform

Klaus trägt eine **Uniform**.

das Unterhemd
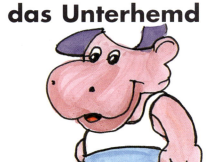
Das ist Klaus im **Unterhemd**.

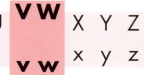

Vv

der Vater

Der **Vater** fährt den Kinderwagen.

der Verband

Klaus hat einen **Verband**.

verstecken

Klaus und Hans **verstecken** die Blume.

vier

Ingo hat **vier** Vögel.

der Vogel

Bernd fliegt auf dem **Vogel** durch die Luft.

die Vogelscheuche

Ingo steht vor der **Vogelscheuche**.

voll

Der Eimer von Klaus ist **voll**.

Ww

die Waage

Nadja hat eine **Waage**.

A B C D E F G H I J K L M N O P Q R S T U V **W** X Y Z
a b c d e f g h i j k l m n o p q r s t u v **w** x y z

der Wald

Hans sitzt im **Wald**.

waschen

Ingo und Bernd **waschen** das Auto.

der Wecker

Bernds **Wecker** klingelt.

der Weg

Hans macht sich auf den **Weg**.

weinen

Bernd und Hans **weinen**.

weiß

Noch ist die Seite **weiß**.

die Welle

Hans fährt durch die **Welle**.

werfen

Bernd und Ingo **werfen** auf die Zielscheibe.

die Wiese

Hans liegt auf der **Wiese**.

die Windmühle

Ingo hat eine **Windmühle**.

der Winter

Im **Winter** liegt Schnee.

41

A B C D E F G H I J K L M N O P Q R S T U V
a b c d e f g h i j k l m n o p q r s t u v

die Wolke

Aus der **Wolke** regnet es.

der Würfel

Hans spielt mit dem **Würfel**.

die X-Beine

Hat Nadja **X-Beine**?

der Xaver

Auf dem Bild ist **Xaver**.

das Xylophon

Bernd spielt **Xylophon**.

die Yacht

Ingo sitzt auf seiner **Yacht**.

der Yeti

Das sind Hans und der **Yeti**.

das Yoga

Hans macht **Yoga**.

zählen

Nadja und Klaus **zählen**.

42

A B C D E F G H I J K L M N O P Q R S T U V W X Y **Z**
a b c d e f g h i j k l m n o p q r s t u v w x y **z**

der Zahnarzt

Nadja ist beim **Zahnarzt**.

die Zahnbürste

Hans nimmt die **Zahnbürste**.

der Zaun

Klaus und Nadja stehen am **Zaun**.

das Zebra

Klaus besucht den Zoo. Er streichelt das **Zebra**.

zeichnen

Klaus und Bernd **zeichnen**.

die Zeitung

Ingo liest die **Zeitung**.

das Zelt

Hans liegt im **Zelt**.

ziehen

Bernd und Ingo **ziehen** an der Angel.

der Zoo

Ingo besucht die Tiere im **Zoo**.

der Zug

Hans fährt mit dem **Zug**.

die Zwiebel

Nadja schält die **Zwiebel**.

43